HENRY DE FARÉMONT.

POÉSIES

NOUVELLES.

EVREUX,

CANU, IMPRIMEUR DE LA PRÉFECTURE.

—

1859.

HENRY DE FARÉMONT.

POÉSIES NOUVELLES.

PARIS.

1859.

HENRY DE FARÉMONT.

POÉSIES NOUVELLES.

PARIS.

1859.

EVREUX. — IMPRIMERIE DE CANU.

CE QUE JE VOUDRAIS.

—

Je vais vous dire
Ce que mon cœur
Souvent désire
Pour son bonheur :
Loin de la ville,
Au fond des champs,
Un toit tranquille,
Un doux asile,
Loin des méchants.

Des prés pleins d'herbes,
Des bois, des eaux,
Des champs, des gerbes,
De gais oiseaux :
Dans mes prairies ,
Soleil et miel ;
Des rêveries,
Des harmonies
A mon appel.

De beaux nuages
Au ciel passants,
Tous pleins d'images
Et de géants :
Tour fantastique,
Villes d'enfer,
Château gothique,
Large portique
Tout grand ouvert.

Devant l'église,
A l'horizon,
Je veux assise
Ma maison.
Je veux pendante
A mon clocher,
Joyeuse ou lente,
Cloche qui chante
A mon toucher.

Ordre je donne
Qu'en mon logis
N'entre personne
Que mes amis ;
Hors l'indigence,
Hors le besoin,
Que ma sentence
Ne chasse point.

J'y veux ma vie
En liberté,
Et pour amie
La charité.
Femme gentille,
Ciel azuré,
Rien qui gaspille,
Hors ma famille
Et mon curé.

J'ai dans ma bourse,
Pour seul trésor,
Une âme en course
Et très-peu d'or.
J'ai sur ma tête
Légers lauriers,
Chants de poète,
Le ciel au faîte,
La terre aux pieds. .

LE VENT.

—

Sont-ce des âmes en voyage
Qui nous visitent en passant ?
Qui gémissent ou font tapage ?
Avec quoi Dieu fit-il le vent ?

Quand le vent, dans le mois des pluies,
Vous éveille en sursaut la nuit,
On dirait des âmes punies
Qu'un esprit inconnu poursuit.

Elles ébranlent votre porte
De leurs efforts et de leurs coups ;
L'esprit les chasse et les rapporte :
Elles voudraient entrer chez vous.
Triste est leur voix, triste est leur plainte ;
Et toujours les poursuit l'esprit.....
Et jusqu'au jour votre âme a crainte !
Le jour, le vent s'apaise et fuit.

Le Seigneur, aux âmes damnées,
A donné l'hiver, les vents froids ;
Il donne aux âmes pardonnées
Vents embaumés et douces lois :
Les unes, dans l'hiver, la neige,
Restent souvent des mois entiers ;
Les autres, que le vent protège,
Se glissent dans les vents légers.

Les unes soufflent les orages,
Les autres, les zéphirs naissants ;
Les unes roulent les nuages,
Les autres, les parfums des champs ;
Les unes, âmes en détresses,
N'ont que frimas, qu'obscurité ;

Les autres, toutes les caresses
Du jour, du ciel et de l'été.

Le Seigneur fit deux parts pour elles
Dans la nature et les saisons :
Dans l'une le vent de leurs ailes
Soulève autans et tourbillons ;
Dans l'autre, ces âmes heureuses
Agitent à peine les vents :
On croirait des voix amoureuses,
On croirait des souffles d'enfants.

Seigneur, mon Dieu, je te réclame,
Quand ma dernière heure viendra,
Quand les vents reprendront mon âme,
Quand ma vie à toi s'en ira ;
Dans cette existence nouvelle,
Où bientôt elle doit entrer,
Seigneur, de me donner pour aile,
Pour demeure... un vent printannier.

UN SUICIDE.

—

C'était un pauvre enfant, sans doute à qui sa mère
Avait dit : « Va là-bas, travaille, enfant... espère !
» Tout enfant qui travaille, un jour Dieu le fait grand.
» Travaille pour ta mère. Adieu... Va, mon enfant ! »

Et la mère embrassait son enfant. Pauvre femme !
Elle voyait si beau l'avenir dans son âme !.....
Et le voilà qui part ; et quand il fut bien loin,
Qu'il eut bien travaillé... la gloire ne vint point.
Sa mère vint le voir, elle !... dans sa pensée.
C'est alors que ploya sa pauvre âme lassée ;
C'est alors qu'il sentit aussi comme une main
Invisible, l'étreindre à la gorge : — la faim !
Et l'on dit que long-temps la main puissante, avide,
Lui fouilla dans son cœur et dans son cerveau vide ;
Et quand elle eut tout pris, tout tué... le laissa.
C'est alors que la mort sur son chemin passa.
. . . .
. . . .

Et la mort lui sembla toute parée et belle !
Et l'enfant fasciné bientôt ne vit plus qu'elle !
Plus il la regardait... plus elle l'attirait....
Plus il voulait la fuir... et plus l'enfant l'aimait !
Quand elle fut tout près — un souffle, chose étrange,
Un souffle de l'enfer effaça ses traits d'ange ;
Alors l'enfant eut peur !... mais il n'était plus temps,
La mort avait serré sur lui ses ossements !

Alors, alors, il vit toute vide sa vie ;
Devant, une douleur courte, d'oubli suivie ;
Il ne vit point de ciel, de Dieu, d'éternité,
Il ne vit que la mort et la fatalité.
Alors, il nia tout, et nous voulut écrire
Ces pages de douleur, de fiel, que l'on va lire.

. . . . . . : . . . .

La Seine, une heure après, flottait l'enfant noyé.
Voici ce qu'il écrit, lisez, ayez pitié !

—

« O mes rêves chéris ! ô toute ma jeunesse
      Qu'êtes vous devenus ?
L'avenir n'est qu'un mot, mais c'était ma richesse,
      Mes trésors inconnus.

Tout ce que j'ai rêvé, tout ce qui m'a fait vivre,
      Est déjà du passé ;
Le cœur me manque enfin, et ne me peut plus suivre.
      C'est le premier lassé.

Dans ce monde où je suis, dans ce désert sans route,
      Nul cri n'est entendu :
Je regarde le ciel, puis la terre, et je doute ,
      Et je me sens perdu.

Que m'importe à présent la louange ou le blâme,
      J'ai vécu ce qu'il faut ;
Je marche sur mon cœur pour élever mon âme
      Et mon mépris plus haut.

De là je juge mieux la chimère frivole,
      Mon Dieu, celui des fous,
L'amour, l'illusion que j'aimais en idole
      Adorer à genoux.

L'espérance n'est plus ; le chagrin me convie
    A l'oubli je suis prêt ;
Je soufflette le sort, l'amour, la mort, la vie
    Et mon dernier regret. »

———

A voir de telles morts s'attristent mes pensées.
Combien d'âmes... combien avant le temps lassées !
Combien avait son nom, sa place, en l'avenir !
Combien eût été grand s'il eût voulu souffrir !
Qui sait, s'il eût vécu, le pauvre enfant-poète,
Si Dieu ne l'eût point fait plus tard monter au faîte.
Seigneur, l'homme est faiblesse et vous vous êtes fort,
Seigneur, défendez-nous contre nous de la mort !
. . . .
. . . .
. . . .
. . . .

Seigneur, si cet enfant a péché, si punie
Son âme est pour un temps loin du séjour de vie ;
Si son péché là-haut n'est point justifié ;...
S'il a mal fait, Seigneur, songez que c'est pitié
Qu'aux premiers pas que font ces enfants de génie
Ils ne trouvent que doute et que maux dans la vie !
Chacun s'écarte deux comme s'ils faisaient mal !
On les dirait, Seigneur, marqués d'un sceau fatal.
. . . .
. . . .

Non, je n'accuse point. On ne sait pas d'avance
Ce que Dieu juge crime, ou bien juge démence !
Dieu mit l'amour de vivre au fond du cœur humain :
Qu'est cet amour en nous ? — devoir ou bien instinct ?
Qui sait si le suicide est mal ou maladie !
Si l'amour de mourir... n'est point une folie !

———————

L'ENFER.

—

Au fond de la terre
Rouges océans,
Le feu se colère
Depuis six mille ans :
C'est là que Dieu damne
L'âme des méchants ;
Là, Dieu les condamne
A brûler vivants.

Des démons par milles
Veillent sur ces lieux ;
On dirait des villes,
Des villes en feux.
Dans ces mers de soufre,
D'esprits, de clarté,
L'âme vit et souffre
Pour l'éternité.

Partout dans ces flammes
Des gémissements !
Des voix, des cris d'âmes
Sans fin, déchirants !
Partout l'incendie,
Le chaos, l'horreur,
L'éternelle vie !
L'éternel malheur !...

Des chairs qui se sèchent
Sur leurs os rougis ;
Des flammes qui lèchent
Tous ces corps maudits ;
Par moments, un rire
Eclaté soudain :
Un mort que déchire
Un démon mutin.

Des vieillards sans nombre,
Silencieux, lents,
Recherchent dans l'ombre
Leurs trésors absents :
L'or soudain se roule...
S'échappe... est perdu,
Entre leurs doigts coule
Comme un plomb fondu.

Gardez-vous de vivre,
Amis, dans le mal,
Le jour qui doit suivre
Vous serait fatal.

Pour que Dieu vous aime
Et vous soit soutien,
Aimez-le vous-même,
Vivant, faites bien.

QUAND LE LILAS FLEURIT.

Quand le lilas fleurit... tout fleurit; mai frais, rose,
    Ramène avec lui les beaux jours :
Soleil chaud, prés verdis, nids d'oiseaux, feuille éclose ,
    Gaité, bonheur, chansons, amour.

Quand le lilas fleurit... c'est fête en la nature,
    C'est fête dans le ciel, partout;
Le ciel prend sa beauté, la terre sa parure ,
    Toute sève tressaille et bout.

Quand le lilas fleurit... s'éveille au fond des âmes
    Un murmure inconnu , sans fin...
Comme le ciel de jour, le cœur s'emplit de flammes ,
    Un rêve suit votre chemin.

Et pendant qu'on se laisse aller au gré du rêve,
    Sur vous penchent les lilas blancs ;
De la nature entière un chant joyeux s'élève :
    Chant du bonheur et du printemps;

Et le rêve vous suit jusqu'à ce que Dieu cueille
Les grappes blanches des lilas :
Et bonheur défleuri, comme leurs fleurs s'effeuille ,
Mais comme elles ne revient pas.

LA CHARITÉ AUX ENFANTS.

—

Enfants , quand vous voyez un pauvre, une misère ;
Quand c'est l'hiver, qu'il fait bien froid; que votre mère ,
Pour avoir des joujoux a garni le trésor ;
Je voudrais que le cœur, oh! tout bas vous dît : donne,
Car tout bonheur est court, hors celui de l'aumône :
On est heureux du don, après on l'est encor.

Que d'argent vous perdez ! que d'argent inutile !
O mes petits enfants, comme il serait facile,
Avec cet argent-là , de faire un pauvre heureux !
Que de jouets laissés qui coûtaient davantage
Que ce bonheur qu'on donne aux pauvres, qu'on partage.
Il vous faut tant pour vous... il faut si peu pour eux !

Et puis, vous avez tant, tant de choses perdues :
Aux malheureux, enfants, ces choses-là sont dues !
D'autres que vous, je sais, les pourraient bien donner...
Mais le don est meilleur quand la main de l'enfance
Sans arrière-pensée a fait sa bienfaisance :
L'enfant qui donne, Dieu ne peut l'abandonner.

Et puis, savez-vous bien que ces pauvres, ces femmes,
Ces tout petits enfants, comme vous, ont des âmes;
Que le Seigneur les voit, les aime comme vous !
Ces femmes en haillons sont les sœurs de vos mères;
Ces enfants, mes petits, sont vos pareils, vos frères;
Quand on les abandonne, enfants, ils sont jaloux.

Vous voudriez savoir, — mais votre bouche n'ose : —
Pourquoi le Seigneur Dieu vous donne toute chose,
Pourquoi le riche a tout, et le pauvre n'a rien.
Retenez bien ceci : — Le riche a la richesse
Pour donner. Dieu voulut, dans sa toute sagesse,
Sauver l'un par l'épreuve, et l'autre par le bien.

Quand vous irez au ciel (si Dieu vous en fait grace),
Savez-vous, mes enfants, où sera votre place?
Non pas auprès des rois : — auprès des malheureux !
Souvent les rois, enfants, les riches de la terre
Ne vont point dans le ciel; ils n'ont pas voulu faire
Le bien quand ils vivaient. — Dieu s'est retiré d'eux.

Ainsi donc, mes enfants, pour faire que vos mères
Vous aiment mieux encor, de vous soient toutes fières,
Donnez à qui n'a rien, faites la charité !
Faites bien, mes petits ! donnez, pour que l'aumône
Vous serve de bonheur ici-bas; — de couronne
Là-haut, auprès de Dieu, dans l'immortalité.

DEMAIN.

—

Amis, la suprême sagesse,
C'est d'ignorer au fond du cœur
Ce que Dieu, pour demain, nous laisse
Ou de bonheur, ou de malheur.
C'est prendre ses jours, ses années
Comme Dieu les donne : — ignorants ;
Les ans ne sont que des journées,
Les jours ne sont que des instants.

Moi, pour être sage et bien vivre,
Voici toujours ce que je fais :
Jamais je ne lis dans le livre
Qu'à la page que je connais ;
Jamais du livre d'existence
Je n'ouvre les derniers feuillets,
Je laisse en paix la Providence
Garder demain et ses secrets.

Hélas! mes amis, pourquoi faire
Vouloir savoir son lendemain ?
N'est-ce pas abréger sur terre
De plus de moitié son chemin ?
Voyez, quand derrière on regarde,
Comme le passé semble court ;
Que serait l'avenir qui tarde
Si Dieu le révélait ? — Un jour !

Si l'homme aux deux bouts de la vie
D'un même regard pouvait voir ;
Vivre, serait une folie,
Et chaque jour un désespoir.
Que serait-ce si Dieu, d'avance,
Nous montrait nos maux à venir :
Plus d'inconnu... plus d'espérance...
Il faudrait cent fois mieux mourir.

Moi, j'aime mieux que Dieu me cache
Ce qu'il fera demain de moi ;
Je veux que mon cœur rien ne sache :
Mon cœur ainsi n'a point d'effroi.
Si demain m'apporte la joie,
Je le bénis, le reçois mieux ;
Si c'est la peine qu'il m'envoie,
J'espère l'autre plus heureux.

On ne sait rien : — on patiente ;
On peut croire au bonheur toujours.
On sait tout : — l'âme défaillante
Ne voit plus que ses mauvais jours.
Ne sachant rien, tout homme arrive
Sans fatigue au but qui l'attend ;
Onde qui ne sait point sa rive
Et que Dieu mêle à l'océan.

Nulle chose dans la nature
De son lendemain n'a souci ;
Dieu garde toute créature ,
Il est bon qu'il en soit ainsi.

L'homme seul a voulu connaître
Et la cause et la fin de tout;
Comme si l'homme était le maître,
La loi mauvaise et Dieu le fou.

MONTIMER.

—

Au milieu des grands bois, des forêts solitaires,
Au milieu des sapins, des sables, des bruyères,
S'élève le château perdu de mes aïeux.
Il a comme autrefois son blason, sa tour fière;
On s'arrête à le voir, tant sa mine est guerrière,
    Dans son vallon silencieux.
. . . .
. . . .
Je me souviens ma mère, au soir, quoique malade,
Tout autour du jardin faisant sa promenade;
Mon père allant, venant, nous grondant, affairé :
Je me souviens l'église, et les chants,... le curé...
Le vieux fou qui venait (hélas! Dieu le protège),
Qu'on trouva mort le long d'un chemin, dans la neige;
Tous les petits enfants que ma mère habillait;
L'école aux cris joyeux, l'école qu'elle aimait :
Je me souviens aussi comme au mois de Marie
La bonne Vierge était et parée et fleurie;

Comme en l'église, au soir, partout sentaient les fleurs,
Et le Dieu des enfants descendait dans nos cœurs.
Que de choses encore à vous dire, oubliées !
Et l'hiver ? et l'aïeule ? et les longues veillées ?
Je vois encor d'ici rangés autour du feu
Notre père lisant, ma mère causant peu,
Nous tous assis en rond,... plus loin notre grand-mère,
Vieille, mais belle encore, avec son air sévère !...
Je revois nos jardins défaits, refaits cent fois ;
Nos tonnelles d'enfants bien loin, au fond des bois ;
Nos courses le matin dans les herbes mouillées,
Les nids que nous trouvions l'été dans les feuillées,
Et les heures de classe, et les soirs sérieux
Où ma mère disait des contes merveilleux !...

. . . .

. . . .

Mon père est en allé, mère, aïeule, sont mortes.
Moi-même, pour toujours, j'ai refermé les portes
      Du château paternel.
Je n'y regrette rien, hors le lit solitaire
Où je devais un jour dormir près de ma mère.
      Mon sommeil éternel.

A CEUX QUI VEULENT MOURIR.

—

Ayez courage , allez! regardez ces années
Qui viennent, qui s'en vont, qui vont bientôt finir,
Pesez toute la vie avec ses destinées :
Qu'est-ce que vivre? — Rien. C'est naître et c'est mourir.

Et vous ne pouvez pas, pour si peu vivre, attendre
Que Dieu lui-même et seul marque l'heure au cadran,
Ne point vouloir la mort quand Dieu la veut défendre
Et la donne à chacun de nous à tout moment.

Vous voudriez mourir ? Mourir ! mais si votre heure
Frère, n'est que demain ? s'il faut vivre aujourd'hui?
Pourquoi changer pour pire, ami, votre demeure,
Puisque le Seigneur doit vous rappeler à lui?

Quand vous voulez mourir vous oubliez sans doute
Combien tout ici-bas est fugitif et court;
Combien vite on arrive à la fin de sa route;
Combien devant la mort chacun, frère, a son tour.

Oh ! que c'est bien plus beau puisqu'on sait son voyage,
Puisqu'on sait que l'on doit arriver, et bientôt,
De donner à son Dieu son cœur, d'avoir courage,
De porter jusqu'au bout, quel qu'il soit, son fardeau.

Songez que Dieu vous fit pour souffrir et pour vivre ;
Que désirer la mort est lui désobéir ;
Que celui qui châtie est celui qui délivre :
Qui fait une œuvre a droit, seul, de l'anéantir.

Le Seigneur assez tôt marque l'heure inconnue !
Elle est loin, on la veut; elle est près, on a peur.
On ne l'attendait pas sitôt... elle est venue
Vous surprendre chez vous comme fait un voleur.

Quand vous voulez mourir, songez-vous que derrière
Vous laissez des enfants, des parents, des amis;
Tous ces liens qui font que l'on tient à la terre,
Que Dieu qui prévoit tout au fond du cœur a mis.

Quand un de vous est las, qu'il succombe... et qu'il prie
Le Seigneur d'avancer son heure; il ne sait pas
Tout ce qu'il doit briser avant que cette vie
Dont il ne voulait plus s'échappe d'ici-bas.

Vivez, allez ! vivez, frère, ayez patience !
Laissez à Dieu qui sait, qui voit et juge tout,
Le soin des jours heureux et des jours de souffrance;
Faites votre chemin d'ici-bas jusqu'au bout.

Si les jours sont mauvais, prenez-les puisqu'ils viennent;
S'ils sont meilleurs, en vous bénissez le Seigneur :
Souvenez-vous surtout que, seules, vous soutiennent
La foi dans l'avenir et la vertu du cœur.

Donnez-vous à la vie, aimez même la vie...
Aimez-la pour le Dieu qui vous en a fait don;
Pour toute âme qui s'est à votre vie unie;
Pour obtenir un jour et bonheur et pardon.

MA MUSE.

—

Savez-vous qui j'aime,
Qui j'aime ici-bas,
Autant que moi-même,
Et ne connais pas !

Les êtres, les choses,
Reine la nommaient ;
Sous ses doigts les roses
D'amour fleurissaient ;
Les fleurs, dans les herbes,
Sous ses pieds s'ouvraient,
Les nids, dans les gerbes,
A son nom chantaient.

La nature entière
L'aimait : dans les bois,
Du ciel, de la terre,
Sortaient mille voix.
Les lierres, les plantes,
Les gazons naissants,
Les mousses tremblantes,
Baisaient ses pieds blancs.

Tombaient des feuillées
Des chants par milliers ;
Tombaient effeuillées,
Les fleurs à ses pieds !

Tout bruit, tout ramage,
Tout concert humain,
A son doux passage
S'éveillait soudain.

Pour nous, la nature
En doux mots parlait ;
Parfum ou murmure
Rien n'était muet :
L'insecte qui vole
Du ciel nous causait ;
Tout avait parole,
Aimait ou chantait.

Les monts, les vallées,
Les cieux, la louaient ;
Les fleurs étoilées
Partout se baisaient ,
Pleines de rosées,
Qu'elles secouaient,
D'amour épuisées,
Elles se mouraient.

Le soleil lui-même
Plus gai se levait.
Tout se disait : aime !
Aussi, tout s'aimait.
Jusque dans mon âme
Un rêve passait ;
Parfum, fleur ou flamme,
D'amour tout vivait.

Pour nous deux, la terre
Dévoilée, avait
A peine un mystère,
A peine un secret.
Dieu, dans toutes choses,
Pour nous se montrait ;
Nous savions les causes
Comme on sait l'effet.

Amour et science,
Elle disait tout.
Invisible essence,
Elle allait partout :
Voyageuse austère,
Du sage aux enfants,
Du ciel à la terre
Et du cœur aux sens.

Vous savez qui j'aime,
Qui j'aime ici-bas,
Autant que moi-même,
Et ne connais pas.

LE MAL.

—

Pas un sentiment noble en notre âme ne germe,
Sans qu'un autre aussitôt ne vienne l'effacer ;
Dans ces luttes du mal quel cœur est assez ferme
Pour combattre toujours et ne se point lasser.

Le mal a ses filets tout autour de notre âme ;
Le mal, pour nous avoir, se cache et nous attend,
Et, selon qu'il nous aime, il resserre sa trame,
        La brise ou la détend.

Que de fois j'ai voulu, las de lui, de colère,
Après l'avoir vaincu l'écraser du talon ;
Mais le mal sous mon pied se changeait en vipère,
Me mordait... et mon sang reprenait le poison.

On croit suivre la loi du Seigneur, on l'offense !
Le mal est en toute âme, en tout être, en tout lieu,
Le mal se glisse même au fond de la conscience
        Et prend la voix de Dieu.

Que de fois, avouez, vous avez cru bien faire,
Et n'avez fait le bien qu'en votre intention ;
Selon que le Seigneur ou le mal nous éclaire
        On voit son action.

PUR.

—

Etre pur ! ce n'est pas retrancher de sa vie
Toute joie ! ô non pas ! — c'est la faire bénie !
C'est la sanctifier en l'offrant au Seigneur !
C'est ne point déchirer sa robe d'innocence ;
C'est prendre le bonheur comme une récompense,
    Mais ne lui point donner son cœur.

Etre pur ! c'est garder son âme, ses pensées
Dans les routes du bien par le Seigneur tracées ;
C'est avoir le bien seul pour but, pour volonté ;
Et puisque Dieu voulut infirme la matière,
Faire que son esprit, son cœur la régénère
Par l'amour du devoir et par la pureté.

Chacun peut être pur, quel qu'il soit, quoi qu'il fasse,
N'importe où Dieu le veut, n'importe où Dieu le place.
Etre pur , est un don à tous, universel !
La pureté répand sur chacun sa lumière :
Sa patrie est le ciel, son temple est cette terre,
Et tout cœur qui la veut l'adore, est son autel.

Voulez-vous être pur : soyez d'abord honnête !
Puis, apprenez la loi qui par Dieu vous fut faite ;
    La loi qui vous apprend

Que puisque Dieu voulut votre âme à son image
Les souillures en elle, en vous, lui font outrage,
    Et qu'il vous les défend.

Voulez-vous être pur : chassez toute pensée
Qui peut troubler votre âme et la faire blessée !
Défiez-vous des sens qui sont vos ennemis ;
Surveillez votre cœur de peur que ne le tente
Ce bonheur inconnu dont toute âme a l'attente,
    Et qui souvent n'est point permis.

Sachez vous contenter de ce que vous envoie
Le Seigneur ici-bas de bonheur et de joie.
Ne désirez pas plus ; ne rêvez pas meilleur ;
Vous prendriez dégoût de tout ; votre existence
Deviendrait toute vide, et l'amère souffrance
    Habiterait dans votre cœur.

Pour conjurer de vous ces malheurs, ces souillures,
Habituez toujours votre âme aux choses pures ;
Laissez-lui sa vertu, sa crainte, sa pudeur ;
Quand les troubles viendront vous aurez pour défense
La frayeur de mal faire et l'ange d'innocence,
    Célestes gardiens du bonheur.

LES NUAGES.

—

Le vent, des nues,
Fait ce qu'il veut :
Des femmes nues,
Des tours de feu.
Mâts de cocagnes,
Pays changeants,
Et des campagnes,
Et des montagnes
Aux sommets blancs.
J'y vois des reines
Sur des lits d'or ;
Là des sirènes
Dans l'onde encor.
Là, des volées
D'aigles ; aux pieds,
Des attelées
De gris coursiers.
Sur une arène
Un char d'ivoir
Que sans bruit traîne
Un lion noir.
Là, des fumées
Rouges, montant ;
Là, des armées,
Des mers de sang.

Là, des mêlées,
Des murs en feux,
Des tours croulées :
La guerre aux cieux !
Un souffle passe
A l'horizon ;...
Alors s'efface
Ma vision.

. . . .

Toutes les choses
S'en vont ainsi :
Nuages roses,
Bonheur aussi.

FLEUR ET BONHEUR.

—

Le bonheur est pareil à la rose des bois.
A peine elle est cueillie elle s'effeuille aux doigts,
Ce n'est que lorsqu'elle est fanée ou défleurie
Que l'on voit l'aiguillon dont sa tige est garnie.

. . . .

Combien avaient cueilli la rose du bonheur
Sans savoir qu'une épine était sous cette fleur ?
Combien après, la main déchirée et saignante,
Ont jeté sous leurs pieds la pauvre fleur mourante.

NAPOLÉON III.

—

Le matin au galop il traversa la ville,
Et le peuple fit place et la guerre civile
      Tout-à-coup s'arrêta ;
Et depuis, dans Paris, qu'il vienne, qu'il s'en aille,
Nul n'a pu réveiller sur son lit de bataille
      L'émeute qu'il dompta.

C'est un homme étonnant! c'est un temps de prodige!
Du Seigneur ou de lui, lequel des deux dirige
       Tous ces événements ?
Lequel rachemina cette machine humaine
Qui semblait s'arrêter dans sa route incertaine ;
       Lequel des deux puissants !

Il partit du plus bas où l'échelle s'arrête :
On disait qu'il voulait atteindre jusqu'au faîte,
       Il montait lentement!...
Et c'était une lutte effrayante, inouïe,
Car d'autres le suivaient, et l'échelle remplie
       Ployait à tout moment.

Il monta bien long-temps... Enfin, d'impatience,
De crainte que peut-être un autre le devance,
       Lui qui n'arrivait pas,
Il s'arrête un moment, se fait large la place,
Pousse l'échelle hors... s'élance dans l'espace
       Et les jette tous bas !

Sire, Dieu vous a fait un partage sublime !
Des trônes d'ici-bas le vôtre est à la cîme.
       Etrange mission !
Vous avez suivi, Sire, une route nouvelle :
Un peuple tout entier vous a servi d'échelle,
       Chaque homme d'échelon.

Sire, vous avez pris ces effrayantes routes
Par où les royautés hier s'en allaient toutes ;
       Vous vous êtes monté !

Serrant dans vos deux mains la bride impériale,
Vous avez pu dompter la rétive cavale,
    Sire : la liberté.

PLAINTE.

—

> C'est mon âme qui souffre, écoutez-la, mon Dieu !
> (.....Ma mère.....)

Seigneur, mon Dieu, je me sens las de vivre !
Mon âme souffre et se plaint malgré moi.
Seigneur, j'attends que ta main me délivre,
Car je n'ai plus de courage qu'en toi.

Que t'ai-je fait pour ôter de ma voie
Toute amitié, tout guide, tout soutien ?
Que t'ai-je fait pour m'ôter toute joie ?
Tu m'as tout pris et ne m'as laissé rien !

Seigneur, en vain mon âme appelle une âme
Pour la bénir et la nommer sa sœur ;
Comme un flambeau dont on éteint la flamme,
Seigneur, ton souffle a passé sur mon cœur.

VOYAGES.

—

J'attendais les beaux jours et les feuilles verdies,
J'attendais que printemps joyeux n'eût plus de pluies.
   Un matin de soleil
Je partais. — Tous les champs étaient verdis et roses,
Le jour montait : mon cœur, les bois, les fleurs écloses
   Saluaient son réveil.

Et joyeux, je voyais passer les champs, les villes,
Les arbres par milliers, les villages par milles,
   Et toujours m'emportait
A travers les forêts et la plaine embaumée,
A travers les cités, mon coursier de fumée
   Qu'un Dieu de feu montait.

Et je me réveillais je ne sais où : la terre
N'avait plus même aspect et semblait étrangère ;
   C'étaient des océans
Sans bornes ; de grands monts tous neigeux à leurs cîmes,
Des pays désolés ou des pays sublimes
   Devant mes yeux passants.

Et changeant mon coursier de feu pour un de voiles,
J'allais me confier à la mer, aux étoiles,
   Au flot lointain, amer ;

Je ne voyais que flots, océans : plaines d'ondes
Qui se mêlaient au ciel si larges, si profondes,
    Qu'on n'eût dit qu'une mer.

Et puis, je revenais. Puis, c'était la Bretagne,
Les villages perdus, les landes, la campagne,
    Pays froids et brumeux :
Les grands chapeaux de feutre et les cornettes blanches,
Les noces, les chansons, les danses les dimanches
    Et le biniou joyeux.

Là, des palais nouveaux, des villes inconnues ;
De gothiques clochers s'élançant dans les nues ;
    Des pays sans hivers ;
Le jour, le mou sommeil ; la nuit, les sérénades ;
Dans les champs : les maïs, les mûriers, les grenades
    Et les orangers verts.

Et vous, mes beaux pays ! ô mes Alpes désertes,
Couvertes de troupeaux ; assises toutes vertes
    Dans vos vallons charmants !
Torrents, qui promeniez vos ondes effarées !
Sentiers où je montais dans les neiges dorées,
    Glaciers éblouissants !...

Puis, quand j'étais bien haut, aux limites dernières
Où l'homme tout baigné de pluie et de lumières,
    En Dieu s'anéantit...
J'ouvrais mes bras tout grands, à l'air, au ciel, comme ivre,
Et partout je voyais comme aux pages d'un livre
    De Dieu le nom écrit.

Aujourd'hui, mes bonheurs, mes heures inspirées
Ont quitté pour jamais les régions sacrées
  Des monts et des hauts lieux !
Je ne voyage plus. — J'ai vieilli.— Tout nous lasse,
Tout bonheur essayé, dans notre désir passe
  Et ne rend plus heureux.

Jamais, le cœur deux fois ne veut le même rêve :
Heureux quand Dieu le donne et permet qu'on l'achève.
  Que veut-on ?—C'est le sort !
Chaque amour a son temps, chaque rêve a son âge :
Je ne désire plus ici-bas qu'un voyage :
  C'est celui de la mort.

MERCI.

—

Il est une voix douce, enivrante harmonie,
Qui chante dans le cœur, dans l'âme et dans les sens ;
Le ciel la nomme grace, et l'homme poésie.
Tout être qui l'entend s'émeut à ses accents.

Amis, ces pauvres vers que vous venez de lire
Ne sont point ce doux chant, ne sont point cette voix,
Car nous avons perdu la clef d'or de la lyre !
La voix demeure en nous et se tait sous nos doigts.

La voix chante bien mieux allez, dans mes pensées!
Les vers ne disent pas tout ce que dit le cœur.
La parole est un luth dont les cordes cassées
Ne rendent que l'écho du chant intérieur.

Merci, pourtant, merci, si ma pauvre parole
A pu chanter, bénir, dans votre cœur aussi ;
Mon travail est payé,—la plus belle auréole
Est la gloire du bien que l'on a fait..... Merci !

UN FOU.

POÈME.

Avez-vous vu parfois, à la clarté des cierges,
Dans les temples, le soir, ces grands portraits de vierges,
Célestes visions, que peignait Raphaël,
Si belles, qu'on dirait qu'elles viennent du ciel?
Comme elles immobile en l'extase idéale,
Il était aussi pur, aussi triste, aussi pâle.

D'autrefois on l'eût pris pour un ange puni,
Qui regrettait les cieux dont Dieu l'avait banni.
Nous nous voyons souvent.—Il n'avait de folie
Que son rêve,— et de croire éternelle la vie ;
Il voyait un soleil de beauté dans sa nuit ;
Il n'était point méchant, un enfant l'eût conduit.
Il regardait le ciel par moments,... puis la terre.....
Et puis il reprenait son rêve solitaire.

. . . .

Voici ce qu'il m'a dit, pauvre esprit insensé
Où, plus que la douleur, l'amour avait passé.

I.

« Il était chez mon père une enfant de mon âge ;
On la nommait Marie. Elle était douce et sage.
Un parent éloigné nous avait, en mourant,
Comme ses seuls amis, légué la pauvre enfant.
Depuis lors, elle était à la maison. Mon père,
Qui ne pouvait l'aimer, était souvent sévère :
Il disait que c'était une charge, un ennui,
Que d'avoir à nourrir ainsi l'enfant d'autrui.
Elle, elle allait pleurer dans un coin, sans se plaindre !
Cœur d'or, fait pour aimer, qui ne savait que craindre.

II.

Nous avions mêmes maux,— nous avions mêmes jeux,
Tous les jours, à toute heure, on nous trouvait tous deux.
Quand l'un était puni, l'autre aussi voulait l'être.
Si j'avais été grand, j'aurais battu mon maître.
Car, croiriez-vous, Monsieur, que, parce qu'elle était
Pauvre, cet homme-là toujours la tourmentait.
Moi, l'on ne m'appelait jamais que : monsieur. Elle,
On ne lui disait jamais : mademoiselle.
Pourtant, son père avait été notre parent :
Les hommes, aujourd'hui, n'honorent que l'argent.

III.

Hélas ! combien j'aurais de choses à vous dire
Si dans ces jours passés il nous fallait tous lire.
Ouvrons d'abord le livre aux pages du bonheur :
Les souvenirs heureux réjouissent le cœur.
Il semble qu'on revoit au fond de ses pensées,
Vivantes, comme hier, les choses effacées ;
Qu'un esprit, ranimant tous ces morts du tombeau,
Rend l'avenir meilleur et le présent plus beau ;
Il semble que sur soi, comme de douces flammes,
Passent en bruissant les vols légers des âmes !...
Vous êtes-vous, parfois, par l'extase surpris,
Comme moi, réveillé dans ces mondes d'esprits ?

Avez-vous écouté leurs doux battements d'ailes
Quand leur essaim descend des voûtes éternelles?
Avez-vous vu passer devant vos yeux ravis
Vos morts ressuscités, qui vous disaient : Je vis!...

IV.

On s'aima! — l'on eut bien quelque peine à le dire...
Un jour, on se dit tout pourtant, dans un sourire ;
Et depuis ce jour-là, — jour heureux! — à toujours
On eut même bonheur, on eut mêmes amours !
Cette vie à conter serait tout un poëme :
Nous avions sur nos fronts tous deux ce diadême
Dont les perles sont d'or, — couronne de pudeur,
Qui fait que l'on est beau, pur devant le Seigneur.
. . . .
Nous nous sommes aimés sans rougir, sans mal faire ;
Mais aussi, nous songions qu'un jour venu, mon père
Nous voyant nous aimer (et, sûr, il le verrait),
Afin que nous soyons heureux, nous unirait.
Quand quelquefois mes sens venaient troubler mon âme,
Je n'avais qu'à penser qu'elle serait ma femme ;
Que je ne pourrais plus alors la respecter
Si je cédais au mal qui me venait tenter.
Elle avait même crainte aussi pour se défendre :
Ces raisons nous donnaient le courage d'attendre.
Tenez, Monsieur, tenez, mon front rayonne encor,
Quand il sent qu'il n'a point perdu ces fleurons d'or,

La vertu, le devoir,.... que n'ont point les courónnes,
Que portent lès puissants du monde sur leurs trônes.

V.

....

Oh ! vous ne savez pas tout ce que ce mot : J'aime! ..
Réveille de bonheur et de joie en moi-même.

....

....

Qu'il est doux de s'aimer ! hélas ! combien de fois
N'avons-nous pas rêvé qu'un jour, au fond des bois,
Au fond d'une vallée inconnue et profonde
Nous nous ferions bâtir pour nous seuls, loin du monde,
Souriante, au soleil, une blanche maison,
Qui n'aurait que les bois partout pour horizon ;
Pleine de jours heureux, coquette, émerveillée,
Nid d'amour ignoré, sous son ciel defeuillée !
Pour jardin, nous avions les forêts, les déserts ;
Le toit était d'ardoise et les contrevents verts ;
Nous faisions à l'envie sur les murailles blanches
Grimper le lierre épais et pendre les pervenches.
Moi, je voulais un chien de crainte des voleurs ;
Elle, elle ne voulait que des bois et des fleurs.
On devait vivre seuls, et tout faire soi-même ....
On fait tant de projets sans raison... quand on aime !

VI.

Je ne la vis jamais faire mal, ni pécher;
Jamais contre mon père un moment se fâcher.
Elle supportait tout, soumise, patiente,
Repentante d'un rien, d'un rien reconnaissante.
Au Dieu qui la voyait, offrant toute action,
Elle semblait heureuse en sa soumission !
Caractère sans fiel, sans détour, sans malice,
Où l'on ne voyait pas même l'ombre d'un vice.

VII.

Une vertu plus belle encor que sa bonté :
C'était sa foi dans Dieu, c'était sa piété.
« Dieu, — disait-elle — fait heureuse toute voie;
» Les souffrances en Dieu deviennent une joie ! »
. . . .
Saint amour de mon Dieu ! sainte dévotion,
Qui faites la douleur une religion !

VIII.

Une nuit,... dans l'hiver, dans le mois de décembre
(La chambre où je couchais touchait presque à sa chambre),

A l'heure où la maison d'ordinaire dormait,
J'entendis des cris sourds et quelqu'un qui pleurait.
Je me lève; j'écoute un moment. — C'était elle !
—Encetteombre, en ces pleurs, mon Dieu, qu'elle était belle!
— «Toi!—dit-elle tout bas.— Va-t-en... Ce n'est pas bien.
»Laisse-moi,...laisse-moi,...je suis mieux,...ce n'est rien.»
Mais moi je voyais bien que mentaient ses paroles;
Elle tordait ses mains comme en des rages folles.
Tantôt elle disait : — « O viens!... » puis se cachait ;
Puis m'attirait encore... et puis me repoussait.
Que faire? — J'embrassai ma sœur, je bus ses larmes!...
. . . .
Contre le mal, Monsieur, la douleur a des armes.
Le démon du plaisir ne nous a point touché :
Dieu nous a soutenus, nous n'avons point péché.
N'est-ce pas, n'est-ce pas, ma belle fiancée,
Qu'en ton ciel nul n'a dit ta blancheur effacée !
Que les anges ravis se voilent devant toi,
Devant ta pureté comme devant un roi.
Pas un désir mauvais, pas même une souillure,
O dis! n'ont profané ta belle couche pure.
O dis-moi de tes cieux que tu ne m'en veux pas,
Si j'ai baisé ton front une fois ici-bas.

IX.

Je sus tout. — Elle allait partir pour la Bretagne
Chez une vieille tante, au fond d'une campagne.

Mon père avait prévu sans doute l'avenir.
Mon père le voulait : il fallut obéir.
Elle n'eut que trois jours (sévérité fatale.)
Pour faire ses paquets et sa petite malle.
Elle ne fit pendant ces trois jours que pleurer.
Il fallut que de force on vînt nous séparer.
« Oh ! ne l'emmenez pas, mon père !... pas encore !...»
La voiture roula sur le pavé sonore.
Puis le bruit s'affaiblit,... puis se tut.... je tombai.

. . . .

J'étais malade, au lit, quand je me réveillai ;
Sous des linges mouillés on me couvrait la tête.
Il me semblait ouïr comme un bruit de tempête.
Au milieu de ce bruit j'entendais par moment
Venu de loin...bien loin... un cri sourd... déchirant !
Puis je me débattais !..... Délire de la fièvre,
Colère d'un enfant que trop petit on sèvre.

. . . .

Je restai près d'un an ainsi ; ne voulant voir
Personne, enseveli comme en un désespoir.

X.

Un matin on reçoit de Bretagne une lettre,
J'accourus tout joyeux ! c'était d'elle peut-être ?
Elle pensait à nous,.... elle nous écrivait,....
Elle était malheureuse... Oui !... mais elle vivait !

Quel bonheur quand mon père allait tout haut la lire.
Elle parlait de moi ?... qu'allait-elle nous dire?...
Mon père lut long-temps,... puis refermant les plis :
« C'est ma sœur qui m'écrit. Tu peux la prendre... lis. »

. . . .

Ma tante nous mandait que Marie était morte.

. . . .

Pauvres fleurs qui tombez et que le vent emporte,
N'est-ce pas qu'au-delà des cieux que vous laissez
Vous trouvez d'autres cieux où vous refleurissez!

XI.

Elle est morte, dit-on, de ces fièvres étranges
Qui volent les enfants pour les pays des anges !
Qui glanent à travers les champs les plus verdis
Les plus jeunes des fleurs et les plus beaux épis ;
Fièvres, qui font mourir en un jour, en une heure,
Qui peuvent s'il leur platt vider une demeure,
Habitantes de l'air, messagères de Dieu
Endormant les enfants sous leurs ailes de feu.

XII.

On ne voit dans la mort qu'un cadavre,... une reine
Fauchant à tout moment son hécatombe humaine ,

Enfermant à jamais en son suaire blanc
Et le corps et l'esprit pour l'éternel néant !
On dit que tout est mort dans la mort !... C'est infâme !
Est-ce qu'un esprit meurt ? est-ce que meurt une âme ?
Oh ! les fous, ce sont ceux qui nient et ne croient pas :
Toute chose a sa vie au-delà d'ici-bas.

. . . .

Que serait-ce qu'aimer, s'il fallait, quand la terre
A ravi votre amour, l'oublier et le taire ?
Si le présent est court, moi, je vois par-delà.
On dit l'éternité nulle part. Elle est là !
Là ! dans ma tête folle où la foi vient revivre,
Et qui voit l'avenir, elle, comme en un livre.
Fou ?... Non, si j'étais fou, j'arracherais mon cœur
De ce mal qui m'attire et de cette douleur.

. . . .

Maintenant je la vois en un éternel rêve ;
Je dis au passé : « Viens ! » Il s'éveille et se lève ! »

Du père ou de l'enfant qui condamnerons-nous ?
Les sages sont souvent plus trompés que les fous.
Ne brisons pas le cœur sous la raison austère ;
Laissons l'œuvre de Dieu comme il l'a voulu faire.

. . . .

MÉDITATION.

—

Nous serons tristes, Muse, ô veux-tu, dans ce livre !
Nous allons regarder l'homme souffrir et vivre,
      Redire ses malheurs.
Laisse ma main toucher ta corde d'harmonie,
Laisse, je veux fouiller jusqu'au fond de la vie
      Et jusqu'au fond des cœurs.

Je veux faire le tour des misères humaines,
Je veux que mon œil voie au fond des coupes pleines
      Ce qu'elles ont de fiel ;
De tout bonheur fini détournant toute joie,
Je veux que dans ce livre, ô ma Muse, on ne voie
      Que nos maux... et le ciel.

Je ne bâtirai point mes rêves sur le sable,
Je ne chercherai point de remède introuvable :
      La cause sait l'effet.
Si le mal, châtiment qui couvre cette terre,
Dans les desseins de Dieu n'était point nécessaire,
      Dites, l'aurait-il fait?

Dieu ne fit point le mal? sans doute ! la lumière,
Non plus, n'a fait la nuit. — Le jour qui nous éclaire
    Ne peut en même temps
Semer et de rayons et de nuit son passage.
Pourtant, quand Dieu le veut, il faut bien qu'il partage
    Ses cieux éblouissants.

L'homme est comme le ciel, où repasse sans cesse
Une nuit qui finit, un jour court qui le laisse.
    Le bien est la clarté ;
Le mal est cette nuit. A peine l'un commence
Que l'autre, sur ses pas, accourt et le devance :
    Flux de l'humanité.

Qui pourrait détourner ces éternelles routes?
Dieu les voulut ainsi, car Dieu les connaît toutes.
    L'homme vivra toujours
Avec mêmes instincts, avec même nature ;
Dieu mit au fond du cœur de toute créature
    D'éternelles amours.

Les siècles à venir ressembleront aux nôtres,
Les siècles écoulés sont tous pareils aux autres.
    Toujours mêmes destins !...
Dieu pesa bien et mal pour tout l'âge du monde ;
L'homme tourne et retourne en une ellipse ronde
    Par les mêmes chemins.

Mais alors... à quoi bon le travail, la pensée,
Si la route du mal, fatalement tracée,
      Ne se détourne pas?
Il nous faut suivre alors le chemin de la terre,
Chemin court et mauvais, puisque nul ne peut faire
      Rien de *mieux* ici-bas ?

Oui, si Dieu n'avait mis au-delà de la vie
Sainte, immatérielle, une vie infinie,
      Autre monde promis;
Oui, si l'on ne trouvait après ces tristes heures
Ni le repos sans fin, ni les belles demeures,
      Ni l'éternel pays.

Je ne viens point changer notre humaine misère.
Toute coupe ici-bas, hélas! doit être amère;
      Sachons souffrir le mal.
Mais si nous devons boire, amis, jusqu'à la lie,
Au moins, mêlons au fiel la goutte d'ambroisie,
      La goutte d'idéal.

––––––––––

L'ESPAGNOLE.

—

Il vint hier une Espagnole
Au regard triste, au parler doux;
Pauvre, coureuse, pauvre folle
Qui vendait croix d'or et bijoux.
Elle était d'auprès de Séville
Où le jour brûle, où le sang bout,
Elle passait de ville en ville
Et s'en allait je ne sais où.

Hélas! que venait-elle faire
Dans la France, lointain pays!
Pauvre fille, pauvre étrangère,
Sans pain, sans gîte et sans amis.
Sans doute en Séville la fière
Elle avait quelque doux amant....
Toute douleur a son mystère,
Toute faute a son châtiment.

On prétend que dans la Castille,
— Tant le soleil a de chaleur, —
Toute enfant, toute belle fille
A l'amour a donné son cœur.
On dit qu'il s'échappe une sève
Effluve du soleil, du jour,
Chaque rayon devient un rêve
Et chaque rêve dit : Amour !

Sans doute, hélas ! que la fillette
Ecouta le soleil menteur,
C'est pour cela qu'elle regrette
Son doux pays et son bonheur.
C'est pour cela qu'élle voyage
Sans trève, sans but, sans repos,
Que le dernier enfant l'outrage
Et que Dieu l'accable de maux.

*Enfants, gardez-vous de mal faire,
Dieu de votre cœur est jaloux,
Car voyez comme il fut sévère
Pour l'Espagnole au front si doux.
Comme elle sur terre étrangère
Si l'amour devait vous mener!...
Tous, ce soir, dans votre prière,
Priez Dieu de lui pardonner.

COURAGE.

—

O mon âme! ô mon âme!... oh! comme ils t'ont blessée!
Voyons, console-toi, causons, pauvre insensée!
      Vois-tu, je t'aime, moi!
Et puis, Dieu te bénit, vois-tu, quand on t'outrage;
La douleur nous fait grands, mon âme! du courage!
      Dieu t'aime... Dieu te voit.

Est-ce ma faute à moi si je n'ai dans la tête
Que l'amour du Seigneur et des chants de poète?
      L'homme fait ce qu'il peut.
Le sage de la terre en fait-il davantage?
Il fait tout pour la vie... — est-ce beaucoup plus sage?
      Non, n'est-ce pas, mon Dieu!

Ils demandent, les fous, à quoi me sert d'écrire.
Ils voudraient m'arracher ma pensée et ma lyre,
      Ils ne le pourront pas!...
Ils disent que je suis de dangereuses routes,
Que ces routes sans but au malheur mènent toutes.
      Qu'importe? suis-je las?

Vous ne savez donc pas , mes maîtres en sagesse,
Qu'en ce voyage court jamais Dieu ne nous laisse
      Le choix d'autres chemins.
Chacun de nous poursuit de différentes voies
L'un, celles des malheurs; l'autre, celles des joies.
      Chacun a ses destins.

Quel est celui de vous qui comprend ou devine
Pourquoi dans ses décrets la justice divine
      Ne fit rien de pareil ?
Faites donc ressembler—puisqu'il faut qu'on ressemble,—
La montagne neigeuse à la feuille qui tremble
      Et la nuit au soleil.

Oh! pour vous, vous pouvez à votre fantaisie,
Comme vous l'entendrez, refaire votre vie ;
      Mais au moins laissez-nous,
Comme nous l'entendrons, disposer de la nôtre.
Chacun de son devoir peut se faire l'apôtre,
      J'ai le mien comme vous.

Vous pourrez m'abreuver de fiel sur cette terre,
Je boirai. — Mais après je jeterai le verre
      Et je serai plus grand.
Vous croirez étouffer de douleur ma folie ;
Vous ne me servirez qu'à grandir mon génie
      En le fortifiant.

Enfin, enfin mon âme en sa foi se console,
J'ai retrouvé la force en la sainte parole :
      Merci, mon Dieu ! merci !
Au Dieu qui me soutient j'ai donné mon courage :
L'homme qui souffre est saint, l'homme qui souffre est sage;
      Je veux souffrir aussi.

Que feriez-vous d'un champ, mes amis, où l'ivraie
N'eût pas laissé mûrir dix épis de froment?
Qu'en feriez-vous? — Voilà d'où vient que je m'effraie,
Car nous sommes l'ivraie, et la terre est le champ.

SOUVENIR.

Quel bonheur de m'asseoir au feu, sur leur vieux siège,
Quand je venais les voir l'hiver, les temps de neige.
Quand les mères pleuraient de joie; et que contents
Regardaient leurs cadeaux tous les petits enfants...
L'un tout fier, tout riant, à la mine éveillée,
M'apportait à baiser sa face barbouillée;
L'autre aurait bien voulu, mais, craigneux, n'osait pas.
Plus loin... un tout petit m'ouvrait ses petits bras.
. . . .
Non, jamais, non, jamais, plaisirs, fête joyeuse,
Comme ces fêtes-là, n'ont fait mon âme heureuse.
Il vous eût fallu voir comment ces pauvres gens
Me grondaient de venir les voir par de tels temps!
Douce félicité du bien et de l'aumône
Où chacun est heureux, surtout celui qui donne!

AIMER.

—

J'ai rêvé de bonheur auprès des lacs tranquilles,
Aux pays du soleil, sous le ciel embaumé;
J'ai promené mon rêve aux bois, aux champs, aux villes,
J'ai connu le bonheur, mais je n'ai point aimé.

Enfant, j'ai déchiré ma robe d'innocence
A tout buisson de fleurs sur mon chemin semé;
Le doux démon d'amour m'enseigna sa science;
J'ai connu le plaisir... mais je n'ai point aimé.

Plus tard... plus tard j'ai vu des femmes tristes, belles,
Qui passaient en pleurant sous mon regard charmé;
Elles disaient : « Je souffre ! » et je pleurais comme elles!
J'ai connu la pitié... mais je n'ai point aimé.

Aujourd'hui je vais triste, à mon tour, dans la vie.
Dans son rêve d'amour nul cœur ne m'a nommé.
Seigneur, voilà bientôt ma jeunesse finie,
Seigneur, mon âme attend... car je n'ai point aimé.

———

LES ENFANTS.

—

Ignorer, croire, aimer, ne songer que de jeux ;
Ne savoir de ses jours que les heures enfuies ;
N'avoir rien dans son cœur que des choses bénies ;
Point de péchés, jamais, qui font rougir les cieux...
....

Aussi, quand j'ai laissé mes rimes envolées,
Je m'en vais avec eux jouer dans les allées.
Ils sont si purs, si beaux, les enfants ! J'aime tant
Comme eux, dans leur gaité, redevenir enfant.

———

LES POÈTES.

—

Oh ! ne les croyez pas. Plaignez leurs pauvres âmes.
Ils chantent ?... Pour souffrir ils sont comme des femmes.
Les menteurs ! ils ne sont ni forts, ni courageux ;
Ce n'est que dans leurs chants, allez, qu'ils sont heureux !
Quand ils vantent leurs maux, leurs peines dans leurs livres,
Oh ! c'est que leur douleur, allez, les rend comme ivres !...
Voyez-les hors leurs vers, voyez-les hors leurs chants ,
Tous ces poètes forts se changent en enfants;
Pénétrez un moment dans leurs pauvres demeures :
Que de froid, d'abandon... et que de tristes heures !...
Point d'enfants, point de femme, ils sont toujours tout seuls,
Toujours dans leurs douleurs comme dans leurs linceuls.
Ils naissent : —point d'amis, de soutien, point de guides;
Ils meurent : —nul ne sait que leurs places sont vides.
Ils sont comme un rebut de la terre, ici-bas.
S'ils se disent heureux... oh ! ne les croyez pas !

LES MORTS.

—

Dans les fleurs gentilles
Dorment les enfants,
Les petites filles
Dans les muguets blancs.

Dans les violettes
Amour et beauté,
Dans les pâquerettes
La timidité.

Chaque fleur éclose
Qu'un rayon fleurit,
Dans sa feuille rose
Cache son esprit.

Les vents de la terre
Les voyant passer,
Les font en lumière
Nous rire et danser.

Brin d'herbe ou rose ,
Qu'importe, amis !
Tout mort repose
Où Dieu l'a mis.

Que Dieu me change
En follet bleu,
En souffle , en ange ,
M'importe peu.

Moi , ma science
Seulement dit :
Dieu récompense
Comme il punit.

Mon cœur espère,
N'a point souci ,
Car Dieu peut faire
S'il lui peut plaire ,
Sur cette terre
Un Paradis.

A UN POÈTE.

—

Poète, vous avez une pauvre manie,
Vous insultez la foi, Dieu, l'âme, le génie;
Vous calomniez tout, vous ne croyez à rien...
Oui, c'est vraiment à vous une manie étrange?
On dit que nous avons pourtant l'instinct de l'ange,
Nous!... Mais vous, vous n'avez que celui de la fange
    Et la haine du bien.

Le poète n'est pas si méchant d'ordinaire.
Vous vous croyez bien grand!... pauvre petit Voltaire!
Pauvre enfant inconnu dont nul ne sait le nom!
C'est pitié de vous voir avec vos rimes folles
Outrager le Dieu fort qui souffre vos paroles,
Et vous glorifier lorsque vos auréoles
    N'ont pas même un rayon.

J'ai réveillé pour vous ma muse de colère ,
Poète. Je sais bien que l'on doit sur la terre
Beaucoup se pardonner... mais pas l'impiété.
Encor, si vous n'aviez jamais dans votre enfance
Connu du cœur qui croit la sainte récompense,
Je vous dirais : « Prenez le livre de croyance ,
    Lisez la vérité. »

Mais vous connaissez tout, vous avez tout pu lire.
Si vous ignoriez Dieu vous n'en pourriez pas rire.
Vous avez la science et du bien et du mal :
Si vous n'adorez rien, vous savez qu'on adore ;
Ce que nous croyons tous, vous le savez encore.
On n'outrage jamais, jamais, ce qu'on ignore ,
    O songeur infernal !

Tu te moques de Dieu, tu te moques de l'âme !
Rien n'est pur, n'est sacré sous ton toucher infâme.
Dieu n'est qu'un songe étroit au front du sot placé ;
L'âme, immortel esprit.... l'âme n'est qu'une sève
Que l'éternel néant à son passage enlève.....
. . . .
Mais sais-tu que tu fais, poète, aussi ton rêve,
    Mais ton rêve insensé.

Il est mort !... — ô Seigneur, ô Seigneur de clémence
C'est à vous maintenant de peser la balance.
Devant la mort , Seigneur, tout crime fait pitié.
Seigneur, je crois la mort d'un autre éveil suivie ;
Je crois la récompense où la foi me convie ;
Je crois le châtiment dans l'éternelle vie.

     Fais-le justifié !

SURSUM CORDA.

—

Haut le cœur!..: haut le cœur!... Être, image de l'Etre,
Qu'on nomme le Dieu fort, le Dieu saint, le Dieu grand!
Recueille-toi devant la volonté du maître;
L'homme se purifie, ô mon cœur, en souffrant.

Souffre!—mais en mettant ton cœur à cette place
Où n'atteignent jamais les pièges d'ici-bas.
Souffre! —mais en donnant ta douleur à la grâce,
En oubliant le mal et ne te vengeant pas.

O que c'est beau, mon cœur, de prendre dans sa vie
Toute épreuve, tout mal, tout malheur comme un don.
De boire en souriant tout son verre de lie,
De n'avoir que courage, et que soumission.

Si Dieu veut que je souffre... eh bien, c'est que sans doute
Il veut me faire grand et me glorifier ;
C'est que j'ai pour plus tard à faire longue route,
Qu'il veut m'en rendre digne et me fortifier.

Aussi, quand tout-à-coup, comme un vent en furie
Vient dans mon être entier s'abattre la douleur,
Je me serre les bras sur mon cœur et je crie :
La douleur va passer... élève-toi, mon cœur !

Et je ne sens sur moi que le vol de son aile,
Et le calme renaît, et mon cœur reste fort ;
Autrement, m'abattant dans sa chute avec elle,
Elle m'entraînerait de force dans la mort.

Oui la mort !—Car sans Dieu, sans ma foi, sans courage,
Je jeterais de moi ces fardeaux d'ici-bas ;
Car il y a des jours où l'insulte, où l'outrage,
Où l'abandon de tous, allez, me font bien las !

Quand nous voulons parler, personne qui nous croie.
En effet, le Seigneur les fit-il comme nous ?
Nous ne comprenons pas non plus, comme eux, leur joie.
Dieu nous fit différents : — N'en soyons pas jaloux.

Hommes, vous êtes tous nos amis sur la terre,
Si vous nous méprisez, nous vous pardonnerons ;
Nous n'avons qu'un seul don, qu'un seul bien à vous faire,
La parole.—Sans fiel nous vous la donnerons.

Que vous la rejetiez ou qu'elle trouve grâce ;
Que vous nous appeliez vos amis, ou des fous ;
Toujours nous retiendrons notre cœur à sa place :
Car Dieu bénit d'en haut la parole des doux.

Je pourrai boire encore au verre du génie
Tout ce que vous aurez jeté pour moi de fiel.
Quand je vous le rendrai, j'y mettrai l'embroisie,
Amis, l'oubli du mal, avec les chants du ciel.

L'AIGLE.

—

J'arrive dans un temps de bruit et de colère.
Chacun me dit : « Ami, vos chants n'ont rien à faire,
 Le monde, hélas! c'est nous.
Laissez l'humanité continuer sa voie,
Nul ne saurait d'ailleurs quel maître vous envoie.
 Vivez... et taisez-vous. »

Amis, quand un aiglon est déjà fort dans l'aire,
Un grand aigle survient qui le prend dans sa serre
 Et l'emporte aux sommets;
Tout-à-coup à son œil l'abyme se découvre;
Le soleil a jailli sur lui..... son aile s'ouvre,
 Il s'élance à jamais!

Seigneur, vous fûtes l'aigle. En l'aire paternelle,
Vous vîntes me chercher tout petit; dans votre aile
      Vous m'avez emporté.
Le ciel fut mon soleil, l'humanité mes faîtes;
Vous, vous fûtes mes maux, mes dangers, mes tempêtes;
Amis, ces jours mauvais ne me sont que des fêtes...
      Où mon âme a monté.

MA MERE.

—

Tout ce que j'ai de bon, de pur, vient de ma mère.
Comme ma mère fut une sainte sur terre,
J'ai cru que le Seigneur peut-être en me créant
De son âme avait fait l'âme de son enfant.
Ma mère a tant souffert..., tant pleuré dans sa vie :
Mon chemin est si dur..., ma coupe a tant de lie!
Oh! oui! je crois qu'il est dans l'éther, dans le ciel,
Je ne sais où..., bien loin..., un pays éternel,
Pays d'or, de soleil, de bonheur, de cinname,
Où l'âme de ma mère encor verra mon âme.

RECONNAISSANCE.

—

Oui! j'ai trouvé, pourtant, de bons cœurs dans la vie :
Cœurs qui n'ont point connu mon cœur, et qui m'ont plaint;
Cœurs d'or qui m'ont jeté leur goutte d'ambroisie
    Dans mon calice plein.
. . . .

Puisse mon souvenir, ma pauvre poésie,
Ces derniers vers... aller à ceux qui m'ont aimé !
Amis, oui, laissez-moi, que je vous remercie,
Avant que vous n'ayez, cette page finie,
    Mon livre sous vos doigts fermé.

FIN.

TABLE.

—

FIN DE LA TABLE.

www.ingramcontent.com/pod-product-compliance
Lightning Source LLC
LaVergne TN
LVHW051502090426
835512LV00010B/2296